Fiche de lecture

Document rédigé par Isabelle Defossa
maître en langues et littératures françaises et romanes
(Université catholique de Louvain)

L'Amant

Marguerite Duras

lePetitLittéraire.fr

10 % DE RÉDUCTION SUR www.lePetitLittéraire.fr

Rendez-vous sur lePetitLittéraire.fr et découvrez :

- plus de 1200 analyses
- claires et synthétiques
- téléchargeables en 30 secondes
- à imprimer chez soi

Code promo : LPL-PRINT-10

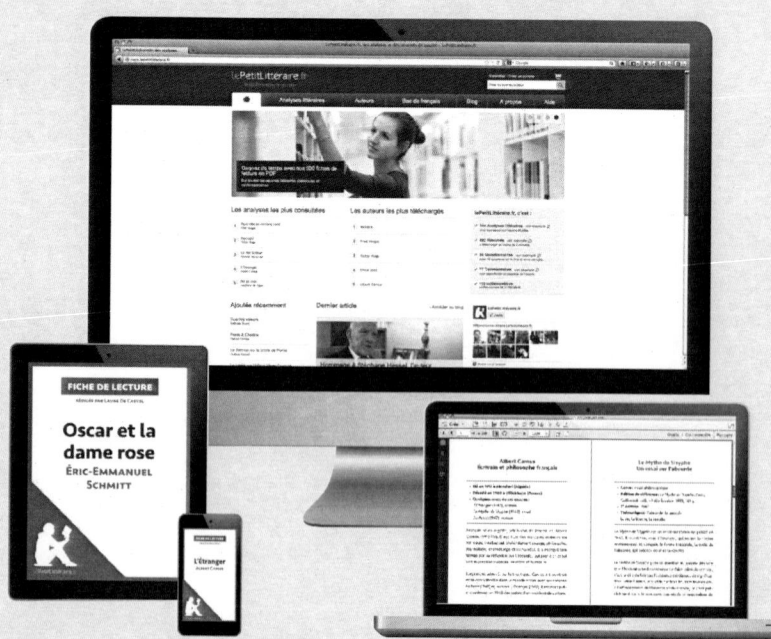

RÉSUMÉ 6

ÉTUDE DES PERSONNAGES 10
La narratrice
Le Chinois
La mère
Le frère ainé
Le jeune frère, Paulo
Hélène Lagonelle

CLÉS DE LECTURE 14
Un style proche du nouveau roman
Une écriture de soi
Un roman initiatique

PISTES DE RÉFLEXION 20

POUR ALLER PLUS LOIN 21

Marguerite Duras
Écrivaine, dramaturge et cinéaste française

- Née en 1914 à Gia Dinh (Indonésie)
- Décédée en 1996 à Paris
- Quelques-unes de ses œuvres :
  Un barrage contre le Pacifique (1950), roman
  Le Ravissement de Lol V. Stein (1964), roman
  L'Amant (1984), roman autobiographique

Marguerite Duras (1914-1996), née Donnadieu en Cochinchine (ancienne région de l'Indochine française), est l'un des auteurs les plus originaux et les plus marquants du XXe siècle. Prônant une écriture épurée, elle utilise des personnages récurrents et établit l'ensemble de son œuvre autour des thèmes fondamentaux de la mémoire et de l'oubli, ainsi que de la réécriture et de la destruction. Ses romans les plus célèbres et les plus étudiés sont *Un barrage contre le Pacifique* (1950), *Moderato cantabile* (1958) et *L'Amant* (prix Goncourt en 1984). Elle s'adonne aussi au théâtre (*La Musica*, *L'Éden cinéma*) et au cinéma, où elle impose un style très personnel et radical (*India Song* ; *Détruire, dit-elle* ; *Le Camion*).

L'Amant
Une initiation amoureuse

- **Genre:** roman
- **Édition de référence:** *L'Amant*, Paris, Les éditions de Minuit, 1984, 145 p.
- **1ʳᵉ édition:** 1984
- **Thématiques:** amour, initiation, Indochine, société coloniale

Publié en 1984, *L'Amant* remporte le prix Goncourt la même année. Ce roman autobiographique raconte l'histoire d'une adolescente française vivant en Indochine et sa rencontre avec un jeune héritier chinois qui déterminera le reste de sa vie. Avec lui, elle s'initie aux plaisirs de l'amour. Cette relation, proscrite par la famille de la jeune fille, par le père du garçon et par la société coloniale, prend fin lorsque l'adolescente doit rentrer en France, laissant son amant toujours épris d'elle.

Ce roman a connu un succès fou: il a été tiré à près de trois millions d'exemplaires et traduit dans plus de quarante langues.

RÉSUMÉ

À l'automne de sa vie, une femme revient sur sa liaison d'un an et demi avec celui qui a été son premier amant.

LA RENCONTRE

Dans les années trente, une jeune fille âgée de 15 ans et demi vit en Indochine française avec sa mère et ses deux frères. Son père, quant à lui, est mort lorsqu'elle était encore jeune. Elle est inscrite au lycée français et est en pension à l'État de Saigon, où se trouvent de nombreux métisses. Dans la même pension vit Hélène Lagonelle, plus âgée de deux ans, qui constitue pour la narratrice une source d'attirance physique.

À la fin des vacances scolaires, alors que la jeune fille traverse un bras du fleuve Mékong, sur le bac, pour se rendre de Sadec à sa pension de Saigon, elle aperçoit une limousine noire depuis laquelle un homme très élégant la regarde. Vêtu à l'européenne, il n'est pourtant pas blanc : c'est un Chinois, qui deviendra son premier amant. Il ne tarde pas à l'aborder et, une fois les présentations faites, il lui propose de la ramener à Saigon dans sa limousine, ce qu'elle accepte sans en être particulièrement réjouie. À partir de ce moment, pourtant, l'adolescente sera toujours conduite du lycée à sa pension dans cette voiture avec chauffeur, et dinera dans les endroits les plus élégants de la ville avec le Chinois.

LA LIAISON

Un jour, le jeune homme l'emmène dans son studio à Cholen, capitale chinoise de l'Indochine française. Dorénavant, c'est là qu'ils se retrouveront pour faire l'amour en secret. Par cet acte, la jeune fille a l'impression d'approfondir sa connaissance de Dieu. Il l'aime comme un fou tandis qu'elle le désire, en partie pour son argent. Mais ils ne parlent jamais d'eux, conscients que leur relation est sans avenir : ils ne sont pas de la même race et la jeune fille a douze ans de moins que son amant, sans compter que le père de ce dernier s'oppose formellement à leur union. Ayant prévu de marier son fils à une riche héritière chinoise, il veut renvoyer l'adolescente en France : celle-ci ne s'y oppose pas, et il finira par obtenir gain de cause.

La mère de la jeune fille, quant à elle, a une attitude ambigüe : lorsqu'elle découvre que sa fille fréquente un jeune et riche Chinois, elle suspecte qu'ils couchent ensemble et, encouragée par son fils ainé, bat l'enfant qui la déshonore. Mais son attrait pour l'argent a raison de sa méfiance et, après avoir été prévenue des absences régulières de sa fille, elle demande à la directrice de la pension de la laisser aller et venir à sa guise. Cependant, lorsque le Chinois finit par rencontrer la famille de la jeune fille, aucun de ses membres ne lui adresse la parole, bien qu'ils n'aient pas hésité à profiter de son argent. Bientôt, le Chinois offre à la jeune fille, dont il est passionnément épris, une bague composée d'un diamant de très grande valeur. Cela met fin aux remarques des surveillantes de la pension, non pas parce que la jeune fille le porte à l'annulaire de la main gauche, doigt auquel se porte la bague de fiançailles, mais bien en raison de la très grande valeur du bijou.

LE DÉPART POUR LA FRANCE

En 1931, après son deuxième bac, la jeune fille, désormais âgée de 18 ans, quitte Saigon et repart en France en bateau. Dès le moment où la date de son départ est fixée, les amants continuent de se voir, mais sans faire l'amour, l'amant ne s'en sentant plus capable. Au départ du bateau, elle pleure sans le montrer à sa famille et regarde son amant s'éloigner. Son voyage durera vingt-quatre jours.

En 1942, son petit frère meurt à l'âge de 27 ans d'une bronchopneumonie. Pour la jeune fille, c'est là la faute de son grand frère : à force, durant leur jeunesse, de lui faire peur, de le menacer et de le battre, il a selon elle fait du jeune homme un garçon faible et vulnérable.

En 1949, sa mère revient vivre en France et termine ses jours dans le Loir-et-Cher, en compagnie de celle qui a toujours été sa gouvernante, Dô : elle mourra entre cette dernière et son fils ainé, auquel elle lègue, dans son testament, la majorité de ses biens. Une vingtaine d'années plus tard, celui-ci décède à son tour, après avoir vécu dans la solitude.

À Paris, la narratrice fréquente les salons de Marie-Claude Carpenter ou de Betty Fernandez, peuplés de littérateurs. Son amant, quant à lui, s'est marié avec la richissime Chinoise, originaire comme lui de la ville de Fou-Chouen, au Nord, qui lui était destinée depuis dix ans par son père.

Les années passent et il lui donne un héritier. Longtemps après la guerre, il se rend à Paris avec sa femme et téléphone à la narratrice pour lui dire qu'il l'aimera jusqu'à sa mort.

ÉTUDE DES PERSONNAGES

LA NARRATRICE

Elle présente deux visages : celui de la vieille femme vivant à Paris qui raconte l'histoire de son adolescence et celui de la jeune fille vivant en Indochine. À aucun moment on ne cite son prénom.

La vieille femme possède un visage détruit par l'âge et dont le vieillissement a débuté alors qu'elle n'avait que 18 ans, marquant sa figure de rides irréversibles et d'un affaissement définitif. Elle a été alcoolique durant l'âge moyen de sa vie, a fréquenté des salons littéraires, a un fils et a mis au monde un enfant mort-né quelques mois avant la mort de son petit frère.

La jeune fille a 15 ans et demi quand débute son histoire. Très mince, elle porte une robe décolletée en soie ayant appartenu à sa mère, une ceinture en cuir de ses frères, des chaussures à talons hauts et un chapeau d'homme. Elle a des taches de rousseur qu'elle cache sous le maquillage de sa mère et, jusqu'à l'âge de 23 ans, elle porte ses cheveux très longs.

Elle appartient à une famille de coloniaux français vivant à Sadec, mais est en pension à l'État de Saigon. Son père a été rapatrié en France pour des raisons de santé alors qu'elle n'avait que 4 ans. Il est mort en moins d'un an. Elle a deux frères aînés. Elle déteste le plus grand, qu'elle a envie de tuer, et protège le plus petit, qu'elle appelle d'ailleurs son « jeune frère ». Elle considère que sa mère est folle et pleure parfois de ne pouvoir la voir heureuse.

Elle ne s'avoue jamais clairement les raisons de sa relation avec l'homme de Cholen – c'est ainsi qu'elle le nomme –, sans doute parce qu'elle ne sait pas elle-même si c'est lui ou son argent qui l'attire. À cette époque, elle sait déjà que, plus tard, elle écrira.

LE CHINOIS

Il vient de Sadec également, mais vit à Cholen. Il est imberbe et d'une maigreur extrême. Il a environ 27 ans. Sa mère est morte et il est le fils unique d'un milliardaire faisant partie de la minorité financière chinoise détenant l'ensemble de l'immobilier de la colonie. Il a commencé des études commerciales à Paris, mais il n'a pas pu les terminer : son père l'a renvoyé en Indochine.

Douze ans et une différence raciale le séparent de la jeune fille. Malgré cela, il est totalement épris d'elle. Son père ne cautionne pas cette relation et refuse leur mariage. Depuis longtemps, il destine son fils à une riche héritière d'une famille de la Chine du nord, de Fou-Chouen. L'amour du Chinois pour l'adolescente est pur et restera intact jusqu'à sa mort.

LA MÈRE

Elle est directrice et institutrice à l'école des filles à Sadec. Une concession achetée au Cambodge l'a ruinée. Humiliée et ayant perdu son mari, elle tombe dans une sorte de folie. Lasse de la vie, à certains moments, elle n'habille ni ne nourrit ses enfants.

Son attitude envers eux est d'ailleurs disproportionnée. Elle montre sa préférence pour son fils ainé, le seul qu'elle nomme « son enfant ». C'est à lui qu'elle achète une propriété près d'Amboise et qu'elle lègue la majorité de la richesse qui lui reste. Son comportement face à son autre garçon ressemble à de l'indifférence. Quant à sa conduite envers sa fille, elle est ambigüe. Elle approuve et désapprouve son comportement :

- d'une part, elle a peur que sa fille ne s'établisse jamais dans la société. Ayant fait elle-même l'École normale supérieure, elle veut que sa fille aille dans le secondaire pour obtenir ensuite une agrégation en mathématiques. Elle se désole donc de voir que celle-ci est meilleure en français qu'en mathématiques et s'oppose à ce qu'elle devienne romancière. Aussi la bat-elle lorsqu'elle apprend sa relation avec le Chinois ;
- d'autre part, elle accepte parfois les extravagances de sa fille et la défend devant la directrice lorsque celle-ci lui annonce que sa fille ne revient que rarement à la pension.

LE FRÈRE AINÉ

C'est le préféré de la mère. Il est violent et mauvais, et vole tout le monde, jusqu'à sa mère dont il dilapide l'argent. Il perd au jeu le bois de la propriété que sa mère lui a offerte près d'Amboise et vole 50 000 francs à sa sœur lorsqu'elle l'héberge à la libération de Paris. Durant sa jeunesse, il bat beaucoup son petit frère, tente de violer Dô, la gouvernante, et encourage sa mère à battre sa sœur, à qui il ressemble physiquement.

Parti pour la France pour s'inscrire à l'école Violet, une école privée formant des ingénieurs, il ne l'a jamais intégrée. À 50 ans, il obtient son premier emploi. S'il est cruel, ce personnage est surtout marqué par la solitude. À la mort de sa mère, il se retrouve sans amis et finit ses jours seul. Il est enterré avec sa mère dans la Loire.

LE JEUNE FRÈRE, PAULO

C'est le seul de la famille dont on connait le prénom. Il a peur de son grand frère qui le bat, mais aime sa sœur dont il est de deux ans l'ainé. Après avoir suivi des cours de comptabilité, il est devenu comptable à Saigon. En 1942, sous l'occupation japonaise, il meurt d'une bronchopneumonie à l'âge de 27 ans.

HÉLÈNE LAGONELLE

Elle vit en pension avec la narratrice qui la désire. Elle s'inquiète quand cette dernière ne revient pas. Elle a 17 ans et un corps sublime. Son père est fonctionnaire des postes. Elle vient des hauts plateaux de Dalat.

CLÉS DE LECTURE

UN STYLE PROCHE DU NOUVEAU ROMAN

Une des caractéristiques principales de Marguerite Duras est son écriture dépouillée. L'auteure fait l'économie des mots, leur préférant le silence, ce qui rend le texte à la fois efficace et poétique.

Outre la concision des phrases, le style de Duras dans *L'Amant* se caractérise également par sa rupture avec la facture romanesque classique qu'elle avait utilisée dans d'autres romans comme *Un barrage contre le Pacifique* ou *Le Marin de Gibraltar*. Ce rejet des conventions lui a d'ailleurs valu d'être classée parmi les nouveaux romanciers. Ceux-ci, des années cinquante jusqu'aux années soixante-dix, désirent renouveler l'acte d'écriture et les lois du roman traditionnel tel qu'il existe depuis le XVIIIe siècle. L'intrigue, la nécessité des personnages ou encore les portraits psychologiques sont autant de principes fictionnels qui sont remis en cause. Le roman s'interroge alors lui-même et nie les règles qui le guidaient jusque-là. Ce refus des conventions explique que beaucoup de nouveaux romanciers contestent leur appartenance à un même mouvement littéraire, chacun d'eux prenant des directions différentes.

Duras, dans l'écriture de *L'Amant*, emploie de nombreuses caractéristiques propres au nouveau roman participant de l'art de la déconstruction :

- le roman, publié aux éditions de Minuit, comme beaucoup d'œuvres du nouveau roman, met en scène des personnages dont les particularités importent peu. D'ailleurs, le lecteur ne connait pas les noms des protagonistes principaux. Seul celui du petit frère, Paulo, est prononcé une seule fois, ainsi que celui d'Hélène Lagonelle qui se transforme rapidement en initiales : H.L. Par contre, les personnages totalement subsidiaires voient leur nom dévoilé. C'est le cas des personnes qui accueilleront la narratrice durant sa vie à Paris : Marie-Claude Carpenter, Betty Fernandez ou encore son mari Ramón Fernandez. De même, les personnages principaux de l'intrigue sont dénués de caractéristiques, alors que les personnages secondaires sont davantage détaillés ;
- le jeu de l'énonciation, caractérisé par un passage de la première à la troisième personne du singulier, perd le lecteur qui se retrouve face à une confusion volontaire de la narratrice (la personne qui raconte l'histoire) et de l'auteure. Cette technique participe d'une volonté du nouveau roman d'interroger constamment le narrateur sur sa fonction dans l'histoire (Pourquoi raconte-t-il ? Quelle est sa véritable place dans la narration ?) ;
- l'intrigue du roman est subsidiaire. Cela a pour conséquence qu'il n'y a pas de chronologie stricte, ce qui donne au récit un caractère éclaté, fragmentaire. Certaines scènes sont décrites avec minutie alors que d'autres, dont on sait qu'elles ont lieu, sont totalement passées

sous silence. Les ellipses (omission de passages entiers d'une histoire) se joignent aux pauses, aux répétitions et aux analepses (retours en arrière), forçant le lecteur à concevoir l'histoire racontée de manière complexe. La vie de la narratrice à Paris, par exemple, est presque entièrement passée sous silence (ellipse) ; les moments passés dans la garçonnière du Chinois à faire l'amour sont décrits avec minutie, donnant l'impression que le temps s'arrête (pause) ; la rencontre sur le bac du Chinois et de la jeune fille est rapportée à plusieurs reprises (répétition) ; enfin, presque l'entièreté de l'histoire constitue une analepse par laquelle la narratrice se souvient de son passé. Rompre la narration, utiliser les ellipses et casser la chaine logique des évènements permet à l'auteure de ne pas avoir à expliquer ce qui est indicible, innommable.

Ces différentes caractéristiques supposent une participation active de la part du lecteur qui se voit parfois obligé de revenir en arrière dans sa lecture ou est supposé connaitre certains éléments appartenant à la culture de l'auteure.

UNE ÉCRITURE DE SOI

L'Amant est un roman d'inspiration autobiographique. L'histoire de la jeune fille de 15 ans, c'est l'histoire de l'auteure qui, comme son personnage, vit une histoire d'amour avec un homme alors qu'elle habite l'Indochine française de l'entre-deux-guerres. C'est à 70 ans, cinquante ans après les faits, que Marguerite Duras parvient à mettre par écrit les sentiments qu'elle a éprouvés pour le jeune Chinois et à exprimer la difficulté des liens qui l'unissaient à sa famille, à sa mère et à ses frères.

Il peut paraitre contradictoire qu'une auteure appartenant à une mouvance littéraire (le nouveau roman) basée entre autres sur un refus du sujet se lance dans une entreprise autobiographique. La raison de cette apparente contradiction réside en ce que l'écriture du roman survient à une époque où l'écriture autobiographique connait une nouvelle dynamique. Il s'agit donc d'investir le genre tout en le contestant. Duras, comme d'autres nouveaux romanciers, y parvient en plaçant sur un pied d'égalité le référentiel et l'imaginaire, c'est-à-dire en mêlant aux éléments biographiques des composantes fictionnelles (des éléments inventés). Ce genre, Alain Robbe-Grillet (écrivain et cinéaste, 1922-2008) le nomme la « nouvelle autobiographie ».

La biographie de Laure Adler, *Marguerite Duras* (1998), par exemple, a révélé que l'idylle du roman ne fut en réalité pas aussi idéale qu'elle y parait. La vérité est que Marguerite Duras, à la demande de sa mère et pour les besoins de son frère ainé qui se droguait, s'était vendue à l'amant.

Aussi, tout en mêlant réalité et fiction, Duras fait-elle un travail sur la mémoire et rend-elle compte des évènements et des sentiments qu'elle a vécus et ressentis lorsqu'elle avait 15 ans. L'usage privilégié du présent, qui exprime à la fois l'instant et la durée, correspond en outre à une narration se présentant sous la forme d'un souvenir ressassé: « Quand je *suis* sur le bac du Mékong, ce jour de la limousine noire, la concession du barrage *n'a pas encore été* abandonnée par ma mère. » (p. 35)

L'auteure mène à travers *L'Amant* une véritable quête identitaire. Le passage de la première personne à la troisième personne du singulier témoigne de cette recherche puisqu'en utilisant la troisième personne, l'auteure pose une distance entre la jeune fille qu'elle était, celle qui parle en «je», et ce qu'elle est devenue. Elle se présente de cette manière comme une énigme vivante.

UN ROMAN INITIATIQUE

L'Amant est aussi un roman initiatique (ou roman d'apprentissage), genre né en Allemagne au XVIIIe siècle. Il met en effet en scène le cheminement évolutif de son personnage principal, la jeune fille de 15 ans, jusqu'à ce qu'elle atteigne un idéal de femme accomplie. Cette femme accomplie n'est autre que la narratrice. Qu'elle parle à la première ou à la troisième personne du singulier, il s'agit d'un même être.

Comme n'importe quel héros de récit initiatique, la jeune fille découvre un domaine spécifique dans lequel elle fait ses armes et qui lui permettra de se forger sa propre opinion de la vie. Son domaine à elle, c'est la sexualité, à laquelle l'initie son amant au cours d'une épreuve physique: son premier rapport sexuel. Cette expérience lui donne une connaissance, qu'elle évoque mais qui reste tue: « Hélène Lagonelle, elle, elle ne sait pas encore ce que je sais. Elle, elle a pourtant 17 ans. C'est comme si je le devinais, elle ne saura jamais ce que je sais. » (p. 91)

La quête menée par la jeune fille correspond à la volonté de diriger sa vie comme elle l'entend. Ce but est poursuivi non sans peine puisque la narratrice doit franchir les obstacles que sont les interdits imposés par sa famille, par le père de son amant, ainsi que par la société coloniale de l'époque. Un adjuvant l'aide cependant à devenir une femme accomplie : son amant, le Chinois.

PISTES DE RÉFLEXION

QUELQUES QUESTIONS POUR APPROFONDIR SA RÉFLEXION…

- Dans quelle mesure peut-on affirmer que *L'Amant* est une réécriture de *Un barrage contre le Pacifique*?
- En quoi l'écriture de Marguerite Duras permet-elle de dire l'indicible?
- Pensez-vous que la jeune fille est soumise à son amant ou qu'elle exerce au contraire son pouvoir sur l'homme? Justifiez.
- Pourquoi peut-on affirmer que la mère de la narratrice joue un jeu ambigu basé sur des non-dits? Donnez des exemples.
- *L'Amant* devait initialement s'intituler *L'Image absolue*. Comment expliquez-vous ce titre?
- Duras, comme les nouveaux romanciers, utilise l'art de déconstruire. Expliquez en quoi cela consiste et quel est l'effet de cette déconstruction.
- L'adaptation cinématographique de *L'Amant* a déplu à Marguerite Duras. À votre avis, pourquoi? Quels choix auriez-vous préférés si vous aviez dû effectuer cette adaptation tout en respectant l'œuvre de Duras?
- D'un point de vue strictement formel, quelles différences peut-on relever entre *L'Amant* (1984) et *L'Amant de la Chine du Nord* (1991), sa réécriture?
- Pourquoi peut-on affirmer que l'écriture de *L'Amant* constitue une forme d'exorcisme pour Duras?

POUR ALLER PLUS LOIN

ÉDITION DE RÉFÉRENCE

- Duras M., *L'Amant*, Paris, Les Éditions de Minuit, 1984.

ÉTUDE DE RÉFÉRENCE

- Hamont P. et Roger-Vasselin D. (dir.), *Le Robert des grands écrivains de langue française*, Paris, Le Robert, 2000.

ADAPTATION

- *L'Amant*, film de Jean-Jacques Annaud, avec Jane March, Tony Leung Ka-Fia et Frédérique Meininger, 1992. Cette adaptation cinématographique ne satisfait pas Marguerite Duras qui met fin à sa collaboration avec le réalisateur.

RÉÉCRITURE DU TEXTE

- Duras M., *L'Amant de la Chine du Nord*, Paris, Gallimard, 1991. Ayant appris le décès de son amant chinois et déçue par l'adaptation de son roman au cinéma, l'auteure décide de réécrire *L'Amant* afin de se réapproprier son histoire. Le livre parait juste avant la sortie en salle du film.

SUR LEPETITLITTÉRAIRE.FR

- Commentaire de l'incipit de *L'Amant*
- Fiche de lecture sur *Le Ravissement de Lol V. Stein* de Marguerite Duras
- Fiche de lecture sur *Un barrage contre le Pacifique* de Marguerite Duras

Retrouvez notre offre complète sur lePetitLittéraire.fr

- des fiches de lectures
- des commentaires littéraires
- des questionnaires de lecture
- des résumés

ANOUILH
- Antigone

AUSTEN
- Orgueil et Préjugés

BALZAC
- Eugénie Grandet
- Le Père Goriot
- Illusions perdues

BARJAVEL
- La Nuit des temps

BEAUMARCHAIS
- Le Mariage de Figaro

BECKETT
- En attendant Godot

BRETON
- Nadja

CAMUS
- La Peste
- Les Justes
- L'Étranger

CARRÈRE
- Limonov

CÉLINE
- Voyage au bout de la nuit

CERVANTÈS
- Don Quichotte de la Manche

CHATEAUBRIAND
- Mémoires d'outre-tombe

CHODERLOS DE LACLOS
- Les Liaisons dangereuses

CHRÉTIEN DE TROYES
- Yvain ou le Chevalier au lion

CHRISTIE
- Dix Petits Nègres

CLAUDEL
- La Petite Fille de Monsieur Linh
- Le Rapport de Brodeck

COELHO
- L'Alchimiste

CONAN DOYLE
- Le Chien des Baskerville

DAI SIJIE
- Balzac et la Petite Tailleuse chinoise

DE GAULLE
- Mémoires de guerre III. Le Salut. 1944-1946

DE VIGAN
- No et moi

DICKER
- La Vérité sur l'affaire Harry Quebert

DIDEROT
- Supplément au Voyage de Bougainville

DUMAS
- Les Trois Mousquetaires

ÉNARD
- Parlez-leur de batailles, de rois et d'éléphants

FERRARI
- Le Sermon sur la chute de Rome

FLAUBERT
- Madame Bovary

FRANK
- Journal d'Anne Frank

FRED VARGAS
- Pars vite et reviens tard

GARY
- La Vie devant soi

GAUDÉ
- La Mort du roi Tsongor
- Le Soleil des Scorta

GAUTIER
- La Morte amoureuse
- Le Capitaine Fracasse

GAVALDA
- 35 kilos d'espoir

GIDE
- Les Faux-Monnayeurs

GIONO
- Le Grand Troupeau
- Le Hussard sur le toit

GIRAUDOUX
- La guerre de Troie n'aura pas lieu

GOLDING
- Sa Majesté des Mouches

GRIMBERT
- Un secret

HEMINGWAY
- Le Vieil Homme et la Mer

HESSEL
- Indignez-vous !

HOMÈRE
- L'Odyssée

HUGO
- Le Dernier Jour d'un condamné
- Les Misérables
- Notre-Dame de Paris

HUXLEY
- Le Meilleur des mondes

IONESCO
- Rhinocéros
- La Cantatrice chauve

JARY
- Ubu roi

JENNI
- L'Art français de la guerre

JOFFO
- Un sac de billes

KAFKA
- La Métamorphose

KEROUAC
- Sur la route

KESSEL
- Le Lion

LARSSON
- Millenium I. Les hommes qui n'aimaient pas les femmes

LE CLÉZIO
- Mondo

LEVI
- Si c'est un homme

LEVY
- Et si c'était vrai...

MAALOUF
- Léon l'Africain

MALRAUX
- La Condition humaine

MARIVAUX
- La Double Inconstance
- Le Jeu de l'amour et du hasard

MARTINEZ
- Du domaine des murmures

MAUPASSANT
- Boule de suif
- Le Horla
- Une vie

MAURIAC
- Le Nœud de vipères

MAURIAC
- Le Sagouin

MÉRIMÉE
- Tamango
- Colomba

MERLE
- La mort est mon métier

MOLIÈRE
- Le Misanthrope
- L'Avare
- Le Bourgeois gentilhomme

MONTAIGNE
- Essais

MORPURGO
- Le Roi Arthur

MUSSET
- Lorenzaccio

MUSSO
- Que serais-je sans toi ?

NOTHOMB
- Stupeur et Tremblements

ORWELL
- La Ferme des animaux
- 1984

PAGNOL
- La Gloire de mon père

PANCOL
- Les Yeux jaunes des crocodiles

PASCAL
- Pensées

PENNAC
- Au bonheur des ogres

POE
- La Chute de la maison Usher

PROUST
- Du côté de chez Swann

QUENEAU
- Zazie dans le métro

QUIGNARD
- Tous les matins du monde

RABELAIS
- Gargantua

RACINE
- Andromaque
- Britannicus
- Phèdre

ROUSSEAU
- Confessions

ROSTAND
- Cyrano de Bergerac

ROWLING
- Harry Potter à l'école des sorciers

SAINT-EXUPÉRY
- Le Petit Prince
- Vol de nuit

SARTRE
- Huis clos
- La Nausée
- Les Mouches

SCHLINK
- Le Liseur

SCHMITT
- La Part de l'autre
- Oscar et la Dame rose

SEPULVEDA
- Le Vieux qui lisait des romans d'amour

SHAKESPEARE
- Roméo et Juliette

SIMENON
- Le Chien jaune

STEEMAN
- L'Assassin habite au 21

STEINBECK
- Des souris et des hommes

STENDHAL
- Le Rouge et le Noir

STEVENSON
- L'Île au trésor

SÜSKIND
- Le Parfum

TOLSTOÏ
- Anna Karénine

TOURNIER
- Vendredi ou la Vie sauvage

TOUSSAINT
- Fuir

UHLMAN
- L'Ami retrouvé

VERNE
- Le Tour du monde en 80 jours
- Vingt mille lieues sous les mers
- Voyage au centre de la terre

VIAN
- L'Écume des jours

VOLTAIRE
- Candide

WELLS
- La Guerre des mondes

YOURCENAR
- Mémoires d'Hadrien

ZOLA
- Au bonheur des dames
- L'Assommoir
- Germinal

ZWEIG
- Le Joueur d'échecs

Et beaucoup d'autres sur lePetitLittéraire.fr

© LePetitLittéraire.fr, 2013. Tous droits réservés.

www.lepetitlitteraire.fr

ISBN version imprimée : 978-2-8062-1312-9
ISBN version numérique : 978-2-8062-1805-6
Dépôt légal : D/2013/12.603/219